MICHEL ROUX

Salatsaucen & kalte Saucen

Für meinen Sohn Alain, der mit mir im »Waterside Inn« arbeitet.

Inhalt

Paprikabutter auf Canapés.

Einleitung

In den 60er Jahren, während meiner "Rothschild Jahre", arbeitete ich in Paris bei der berühmten Bankiersfamilie. Mademoiselle Cécile de Rothschild und ihre Freunde hatten es gerne, wenn nach einem Theaterabend zu Hause ein kaltes Büffet auf sie wartete, vor allem im Mai und Juni, der Pariser »Hochsaison«. Sie und ihre Gäste bewunderten stets die appetitliche Präsentation der Speisen, bevor sie es kosteten. Jedes Gericht wurde mit der genau zu ihm passenden kalten Sauce serviert, die ihm erst die besondere Note gab. Es war wie ein Saucen-Festival mit einer Überraschung zu jedem Anlaß. Kreativität war gefragt, um die Erwartungen jedesmal aufs neue zu erfüllen. Eine meiner damaligen Erfindungen, die inzwischen zum Klassiker geworden ist, waren kleine Hummer und Scampi, die mit *Sauce Vierge* gereicht wurden. Kaltes Rinderfilet, mit Schweinefett und Trüffelscheibchen überzogen und mit fein gewürfeltem Frühlingsgemüse umlegt, wurden mit *Remouladensauce* serviert, während meine *Grüne Sauce* delikaten pochierten Lachs begleitete. Damals durfte ich Lachs nicht einmal mit einem Hauch von Aspik glasieren, weil meine Arbeitgeberin überzeugt war, Aspik verderbe sowohl das Aroma des Fisches als auch das der Sauce. Weißen Spargel gab es immer in Hülle und Fülle; Mademoiselle de Rothschild mochte ihn leicht warm und aß dazu am liebsten *Gribichesauce*. Keine meiner Saucen blieb jemals übrig. »Herr Küchenchef«, pflegten die Gäste zu sagen, »Ihre Sauce erst macht alle Gerichte zu einem Geschmackserlebnis und verleiht ihnen Raffinesse.« Meist fügten sie dann noch hinzu: »Das sehen Sie doch auch so, Herr Küchenchef, oder?« Wunderbare Erinnerungen!

Jetzt, da ich weit über Fünfzig bin, verwöhne ich mich ein- oder zweimal pro Woche mit einer leichten, einfachen Mahlzeit aus Salat, Fisch oder kaltem Fleisch. Ich finde, das bin ich meiner Leber schuldig. Jeder Franzose ist ein Hypochonder, und ich bin da keine Ausnahme. Aber ein leichtes Essen muß noch lange kein langweiliges sein – im Gegenteil. Ich gönne mir ein paar Minuten Zeit und komponiere zunächst im Geiste meine Salatmischung. Ich mag lieber Salate mit knackigen Blättern als allzu zarte Salate: Endivie, Feldsalat, Frisée und junger Löwenzahn gehören zu meinen Favoriten. Salate frisch aus dem Garten sind besser als die eher geschmacklosen, die im Gewächshaus gezogen wurden. Nach kurzer, sorgfältiger Überlegung bereite ich eine meiner Vinaigrettes zu. Welche, das hängt letztendlich von meiner Stimmung und von der Art des Salates ab. Eine *Parmesan-* oder *Roquefort-Vinaigrette* paßt ausgezeichnet zu herzhafteren Salaten; *Trüffel-Vinaigrette* harmoniert gut mit Frisée, und für Endivie eignet sich die *Vinaigrette Maman Roux* besonders gut. Ich mische frische Kräuter – vor allem Estragon oder Petersilie – unter meinen Salat, dazu eßbare Blüten von Kapuzinerkresse oder Pelargonien, damit der Salat auch ein Fest fürs Auge wird. Jetzt kann ich es kaum noch erwarten; noch ein paar Stückchen knuspriges Brot dazu und der Salat ist fertig.

An manchen Tagen steht mir der Sinn nur nach einem Teller Gemüsesuppe oder einfach nur nach einem (liebevoll hergerichteten!) Sandwich. Montags, wenn das »Waterside Inn« geschlossen ist, genieße ich so ein Essen ganz besonders. Vor allem, wenn mein Frau Robyn die Sandwiches zubereitet. Oft bestehen sie aus Scheiben von frisch geröstetem Landbrot, großzügig gefüllt mit dünn geschnittenem kaltem Fleisch oder Schinken, wachsweich gekochten Eiern und rohem Gemüse. Dazu reicht sie ihre wunderbaren kalten Saucen, die sie viel müheloser herstellt, als ich das kann.

Kalte Saucen wirken Wunder. Schnell und einfach zubereitet gibt es sie für jeden Geschmack und für jede Gelegenheit; sie begleiten und optimieren jedes Gericht, vom einfachen Salat bis zur erlesensten Kreation.

Saucengrundlagen

Kalte Saucen und Salatsaucen sind leicht und erfrischend – die perfekte Ergänzung zu Sommergerichten und Vorspeisen. Sie sind meist kalorienarm und daher gut bekömmlich. Die meisten lassen sich im Handumdrehen zubereiten.

Für alle Saucen, ob einfach oder raffiniert, sollten nur erstklassige Zutaten verwendet werden. Kräuter, Gewürze, Wein und andere Würzmittel sollten mit größter Vorsicht ausgewählt werden. Entscheidend sind die richtigen Proportionen. Geschmacksintensive Zutaten wie scharfe Gewürze, einige Kräuter und Alkohol sollten stets sparsam und ausgewogen verwendet werden.

Genauso wählerisch wie beim Einkauf der Zutaten für die Speisen sollten Sie bei der Auswahl der Saucenzutaten sein, und am besten sind immer Produkte der Saison. Das Ergebnis ist eine erlesene Sauce, aromatisch und köstlich.

Die in diesem Buch genannten Zubereitungszeiten beziehen sich auf die bereits gewogenen und wie in der Zutatenliste beschriebenen vorbereiteten Zutaten. Zeiten für Vorarbeiten wie Schälen, Hacken oder Blanchieren sind nicht berücksichtigt.

Dünnflüssige Saucen gießt man direkt durch ein Spitzsieb. Dickere Saucen werden am besten mit einem Löffel durch ein Sieb gestrichen.

Kalte Saucen und Vinaigrettes

Eine gute Sauce gibt einem an sich einfachen Gericht oder Salat die ganz besondere Note. Sie sollte einen Kontrast zu der Textur und dem Aroma des Gerichts darstellen, zu dem sie serviert wird, es aber geschmacklich optimal abrunden und den Eigengeschmack nicht überdecken.

Fast alle Saucen lassen sich einfach zubereiten, und wenn man bestimmte Küchentechniken und ein paar Tricks kennt, gelingen auch raffiniertere Kreationen.

Aufgeschlagene Saucen: Die Saucen dieses Kapitels sind feine, elegante Kreationen, und trotz ihrer Reichhaltigkeit ist ihre Konsistenz angenehm leicht und luftig. Von den aufgeschlagenen Saucen bevorzuge ich die Hollandaise. Warm serviert zu pochiertem, gedämpftem oder gegrilltem Fisch oder zu frischem Spargel, schmeckt sie einfach unvergleichlich. Auch von der Mayonnaise gibt es zahlreiche Abwandlungen. Lockerer wird sie durch geschlagene Sahne, kalorien- und fettärmer durch die Zugabe von Joghurt oder Frischkäse.

- Viele aufgeschlagene Saucen werden mit rohen oder halbrohen Eiern zubereitet. Bei Verwendung von rohen Eiern ist es ganz besonders wichtig, deren Herkunft und Frische zu kennen. Auch sollte man Zubereitungen mit rohen Eiern besonders gefährdeten Personen, wie älteren Menschen und Kleinkindern, besser nicht servieren.
- Aufgeschlagene Saucen sollten stets in einer Sauciere aus Porzellan oder Edelstahl serviert werden. Gefäße aus Silber sind unbedingt zu meiden, denn Saucen auf Eierbasis reagieren mit dem Metall.

Aromatisierte Butter und Gemüse-Coulis

Aromatisierte Butter schmeckt vorzüglich, ist leicht zuzubereiten und bereichert mit den unterschiedlichsten Farben den Teller, von zart bis kräftig getönt, je nach Zusammensetzung. Diese Buttermischungen können anstelle von Saucen (pro Person rechnet man 30 g) gereicht werden, oder sie dienen als Beilage zu Gemüse oder pochiertem, gebratenem oder gegrilltem Fisch oder auch Fleisch. Ich forme die Butter in Frischhaltefolie meist zu einer Rolle. Doch man kann die Butter auch mit einer Sterntülle zu Rosetten spritzen.

Viele Buttermischungen nimmt man zum Bestreichen von Canapés. Dazu die nicht zu harte Butter auf kleine geröstete Brotscheiben streichen oder spritzen. Buttermischungen schmecken am besten, wenn man sie kurz vor dem Servieren zubereitet und dann ein paar Minuten im Kühlschrank fest werden läßt. Sie können aber auch 3 bis 4 Tage im Kühlschrank aufbewahrt oder für mehrere Monate eingefroren werden. Auf diese Weise hat man stets eine würzige Beilage zu einem Gericht, wenn die Zeit einmal drängt.

Meine Buttermischungen verwende ich dazu, eine Sauce anzureichern, zu verfeinern oder ihr eine besondere Note zu geben, mit dem Aroma von Gemüse, Kräutern oder Schaltieren, so wie es mir gerade in den Sinn kommt. In diesem Buch möchte ich Ihnen meine Lieblingsrezepte vorstellen, die Sie mit Senf, Oliven, Trüffeln, Tomaten und vielen anderen Zutaten beliebig abwandeln können. Lassen Sie Ihrer Phantasie freien Lauf.

Neue Kartoffeln, serviert mit Gemüsebutter.

Grundzutaten

Kräuter und Gewürze

Besonders aromatisch sind frisch gepflückte Kräuter. Getrocknete Kräuter sollten stets luftdicht verschlossen an einem kühlen, dunklen Ort aufbewahrt werden. Geöffnete Packungen sollten nach 3 bis 6 Monaten im Zweifelsfall weggeworfen werden.

Die goldenen Regeln für die Verwendung von Kräutern und Gewürzen

- Kleine Mengen, aber von erstklassiger Qualität.
- Keine gegensätzlichen und dominanten Aromen mischen.

Wer sich daran hält, wird eine Geschmackswelt entdecken, die durch ihre Vielfalt besticht – einfach und doch raffiniert.

Bouquet garni: Das klassische Bouquet garni besteht aus Thymian, Lorbeerblatt und Petersilie, die in ein Porreeblatt eingewickelt werden.

Fines herbes ist eine Kräutermischung. Sie besteht zu gleichen Teilen aus Kerbel, Schnittlauch, Petersilie und Estragon. Nicht hacken, sondern mit der Küchenschere direkt vor Verwendung kleinschneiden.

Die bekanntesten Küchenkräuter sind Basilikum, Bohnenkraut, Dill, Estragon, Fenchel, Kerbel, Knoblauch, Koriander, Lavendel, Liebstöckel, Lorbeer, Majoran, Meerrettich, Minze, Oregano, glatte oder krause Petersilie, Rosmarin, Salbei, Sauerampfer, Schnittlauch und Thymian.

Zu den gebräuchlichsten Gewürzen zählen Cayennepfeffer, Curry, Fünfgewürzpulver, Ingwer, Kardamom, Koriander, Kreuzkümmel, Kümmel, Nelken, Muskatblüte, Muskatnuß, Paprika, schwarzer, grüner, weißer und rosa Pfeffer, Piment, Safran, Sternanis, Wacholder und Zimt.

Knoblauch: Knoblauchzehen immer längs halbieren und den grünen Keim im Inneren entfernen. Der Knoblauch schmeckt dann milder und feiner.

Gemüsekonzentrate: Diese Konzentrate machen zu üppige oder zu dick geratene Sauce leichter und luftiger. Außerdem verleihen sie einer Sauce oder einer Gemüsebouillon mehr Geschmack. Separat in einem Schälchen gereicht sind sie eine vorzügliche Beilage zu gedämpften Fisch. Warm unter eine Vinaigrette gerührt, serviert man sie zu Gemüse und Schaltieren.

Gemüsekonzentrate lassen sich aus fast allen Gemüsesorten zubereiten. Dazu wird das Gemüse je nach Struktur fein oder grob gehackt und mit sehr wenig Flüssigkeit (Wasser oder Geflügelfond) in einem zugedeckten Topf weichgekocht. Diese Masse dann durch ein feinmaschiges Spitzsieb streichen und luftdicht verschlossen im Kühlschrank aufbewahren.

Essig und Zitrone: Ein paar Spritzer Essig oder Zitronensaft, kurz vor dem Servieren zugefügt, wirkt bei einer etwas langweilig schmeckenden Sauce manchmal Wunder.

Milchprodukte

Diese Zutaten spielen in der Saucenküche eine sehr wichtige Rolle.

Butter: Sie ist bei vielen meiner Saucen das Tüpfelchen auf dem i, doch ich beschränke mich stets auf kleine Mengen. Ich selbst koche nur mit ungesalzener Butter. Alle Saucen profitieren davon, und gerade für geklärte Butter ist die ungesalzene Variante ein Muß.

Wenn gesalzene oder ungesalzene Butter geschmolzen wird, trennt sie sich in ihre Bestandteile: 15–20 % Wasser, 4 % Eiweiß, der Rest ist Milchfett.

Crème double und Crème fraîche: Diese dicke Sahne verträgt große Hitze außerordentlich gut. Häufig wird sie auch eingekocht und dient dann als Bindemittel. In erster Linie aber nimmt man sie zum Verfeinern von Saucen, die so eine cremige und samtige Konsistenz erhalten.

Frischkäse: Er ist ideal für kalorienarme Saucen und wird in verschiedenen Fettgehaltsstufen angeboten. Frischkäse ist eine perfekte Grundlage für frische Sommersaucen, verlangt allerdings kräftige Aromazutaten wie Gewürze und Kräuter.

Joghurt: In kleinen Mengen verwende ich Joghurt, um bestimmte Fischsaucen geschmacklich abzurunden. Er ist häufiger Bestandteil meiner kalorienarmen Sommer-Vinaigrettes.

Roquefort: Dieser edle Blauschimmelkäse ist die Krönung eines Salat-Dressings, einer kalten Sauce für Rohkost und auch einiger heißer Saucen. Sparsam verwendet, entfacht er in einer Sauce ein Feuerwerk köstlicher Aromen. Bleu d'Auvergne und Fourme d'Ambert sind ein annehmbarer Ersatz, reichen aber bei weitem nicht an das Original heran.

Öle und Essigsorten

Öle: Die wichtigsten Öle sind Olivenöl, Erdnußöl, Sonnenblumenöl, Maiskeimöl, Haselnußöl, Walnußöl, Sesamöl, Traubenkernöl und Distelöl. Besonders aromaintensive Öle, wie die Nußöle, müssen mit einem geschmacksneutralen Öl verdünnt werden. Man rechnet ein Teil eines solchen Öls auf zwei Teile Erdnußöl.

Essigsorten: Am meisten verwendet werden Rotweinessig, Weißweinessig, Sherryessig, Balsamessig, Champagneressig, Fruchtessig wie Himbeer- oder Johannisbeeressig (am besten selbst gemacht), Estragonessig, Apfelessig und Knoblauchessig auf der Basis von Weinessig. Sie finden in diesem Buch ein Rezept für Himbeeressig, für einen Estragonessig gibt man einfach ein paar Zweige Estragon in eine Flasche Weißweinessig. Nach einigen Wochen hat der Essig den Kräutergeschmack angenommen.

Die genannten Öl- und Essigsorten sind die Basis für eine Vinaigrette. Für eine andere Konsistenz können Sahne, Joghurt, Frischkäse, Senf und andere erfrischende Ingredienzien untergerührt werden.

Le vezou: Ich habe diesen ungewöhnlichen und wenig bekannten Essig auf Martinique entdeckt. Er wird aus reinem Rohrzucker bereitet und ist zu 100% naturbelassen. Nach der Fermentation wird die Flüssigkeit geklärt und gefiltert. Der Essig ist jetzt bernsteinfarben, hat einen leichten Säuregehalt und ein zartes fruchtiges Aroma. Ich benutze ihn besonders gern zum Ablöschen meiner Saucen zu Taube, Ente oder Kalbsleber. Er gibt auch Vinaigrettes einen feinen Geschmack. Besonders gut schmeckt er in Vinaigrettes zu Spargel.

Rezepte

Eine Vinaigrette paßt zu den unterschiedlichsten Salaten, ob aus zarten Blättern oder knackigem Gemüse komponiert. Auch Vorspeisen wie eine Rohkostplatte oder feinste Gourmet-Salate mit hauchdünnen Scheiben von rohem oder geräuchertem Fisch, Meeresfrüchten, edlem Gemüse wie Spargelspitzen, Zuckererbsen und Pilzen werden damit zubereitet. Sie paßt sogar ausgezeichnet zu bestimmten Obstsorten wie Zitrusfrüchten, Äpfeln und Himbeeren.

Bei der Auswahl der Zutaten ist darauf zu achten, daß sie in Farbe und Beschaffenheit miteinander harmonieren. Es sollten auch nicht zu viele Zutaten verwendet werden, weil sonst das feine Aroma der Hauptzutat überdeckt wird oder gar verlorengeht.

Eine Vinaigrette schmeckt besser, wenn sie frisch, das heißt kurz vor dem Servieren, zubereitet wird, weil durch längeres Stehen Aroma und Geschmack leiden.

Auch Gemüse-Coulis sind in der Küche sehr vielseitig zu verwenden und schmecken köstlich. Diese reduzierten Pürees aus frischem Gemüse gehören zu den Meistersaucen, sind leicht und locker und darüber hinaus schnell zubereitet.

Basilikum-Vinaigrette *Vinaigrette au basilic*

Diese Vinaigrette harmoniert gut mit frischen Nudeln, grünen Bohnen und Kartoffelsalat.

Zutaten:

6 EL Olivenöl, 2 EL Rotweinessig
15 g Basilikumblätter, kleingeschnitten
1 kleine Knoblauchzehe, fein gehackt
30 g Schalotten, fein gehackt
40 g Fruchtfleisch vollreifer Tomaten
Salz und frisch gemahlener Pfeffer

Für 6 Personen
Zubereitungszeit: 5 Minuten

Alle Zutaten in einem Mixer cremig aufschlagen. Die Vinaigrette mit Salz und Pfeffer abschmecken.

Parmesan-Vinaigrette *Vinaigrette à la crème et au Parmesan*

Ein Dressing zu rohem Chicorée oder zarten Spinatblättern, aber auch zu feinblättrig geschnittenen Champignons.

Zutaten:

1 TL englisches Senfpulver
2 EL Champagneressig
6 EL Crème double
30 g frisch geriebener Parmesan
1 EL kleingeschnittener Schnittlauch
Salz und frisch gemahlener Pfeffer

Für 6 Personen
Zubereitungszeit: 5 Minuten

In einer Schüssel das Senfpulver mit dem Essig anrühren, die übrigen Zutaten untermischen und die Sauce mit Salz und Pfeffer abschmecken.

Roquefort-Vinaigrette *Vinaigrette au Roquefort*

Dieses Dressing reiche ich im Winter zu bitteren Blattsalaten wie Löwenzahn, Frisée oder Endivie. Es schmeckt auch gut zu bißfest gekochten Prinzeßbohnen, die noch warm kurz vor dem Servieren mit der Vinaigrette vermischt werden.

Zutaten:

3 EL Walnußöl
3 EL Distel- oder Sonnenblumenöl
2 EL Estragonessig
50 g Roquefort, mit einer Gabel zerdrückt
1 TL kleingeschnittene Estragonblätter
1 Spritzer Worcestershiresauce
Salz und frisch gemahlener Pfeffer

Für 6 Personen
Zubereitungszeit: 5 Minuten

Alle Zutaten mit einem kleinen Schneebesen in einer Schüssel verrühren und kräftig weiterschlagen, bis die Sauce beginnt cremig zu werden.

Lavendel-Vinaigrette *Vinaigrette à la lavande*

Diese Vinaigrette paßt gut zu feinblättrig geschnittenen Champignons oder Gurken, aber auch zu zarten Blattsalaten.

Zutaten:

Frische Lavendelblüten von einem nicht zu stark blühenden Zweig
4 EL Erdnußöl, 4 EL Olivenöl
3 EL Weißweinessig
1 1/2 TL flüssiger Honig (vorzugsweise Lavendelhonig)
Blätter von einem Thymianzweig
Salz und frisch gemahlener Pfeffer

Für 6 Personen
Zubereitungszeit: 5 Minuten

Alle Zutaten im Mixer 30 Sekunden cremig aufschlagen. Die Vinaigrette mit Salz und Pfeffer abschmecken.

Crustacea-Öl *Huile de crustacés*

Dieses delikate Öl zählt zu meinen liebsten Ölen. Es ergibt ein vorzügliches Dressing für phantasievolle Salate aus Meeresfrüchten oder auch für warmen Spargel.

Ergibt etwa 1 l

Zubereitungszeit: 20 Minuten und 3 Stunden für das Trocknen

der Krustentiere

Sterilisierzeit: 35–45 Minuten

Zutaten:

1 kg Scampi oder Flußkrebse, in Salzwasser gegart
½ Knoblauchknolle, ungeschält
1 Zweig frischer Thymian
2 Lorbeerblätter
1 kleines Bund Estragon
1 TL ganze weiße Pfefferkörner
½ TL ganze Korianderkörner
Etwa 1 l Erdnuß- oder Olivenöl
Salz

Den Backofen auf 120 °C vorheizen. Die Augen der Krustentiere entfernen und die Köpfe, Scheren und Schwänze abtrennen (1). Die Schwänze zum Garnieren für Fischgerichte zurücklegen oder für einen Salat verwenden. Die Köpfe und Scheren grob zerkleinern, in einen Bräter geben (2) und im Backofen in 3 Stunden mehr trocknen als garen lassen. Die getrockneten Köpfe und Scheren zusammen mit den Aromazutaten in ein ausreichend großes, absolut sauberes Einmachglas füllen, dieses bis 5 cm unter den Rand mit Öl aufgießen und fest verschließen (3).

Zum Sterilisieren benötigt man einen ausreichend großen Topf für das Einmachglas. Den Topfboden und die Ränder mit Alufolie auskleiden, damit das Glas nicht zerspringt, falls es gegen den Topfrand stößt. Das Einmachglas in den Topf stellen (4) und diesen bis knapp unter den Rand des Glases mit Salzwasser (300 g Salz auf 1 l Wasser) füllen. Das Wasser bei starker Hitze zum Kochen bringen und 35 bis 45 Minuten köcheln lassen.

Dann das Glas bei Zimmertemperatur im Wasser erkalten lassen und anschließend das Öl bis zum Gebrauch mindestens 1 Woche im Kühlschrank durchziehen lassen.

Vinaigrette mit Crustacea-Öl

Vinaigrette à l'huile de crustacés

Ich serviere diese Vinaigrette zu einer kleinen Portion frisch gekochter Nudeln und gemischten Meeresfrüchten oder zu pochiertem Hummer.

Zutaten:
100 ml Crustacea-Öl (s. S. 16)
1 EL körniger Senf
Saft von 1 Zitrone
1 EL kleingeschnittene Estragonblätter
Salz und frisch gemahlener Pfeffer

Für 6 Personen
Zubereitungszeit: 5 Minuten

Alle Zutaten in einer Schüssel gut verrühren und mit Salz und Pfeffer abschmecken.

Tee-Vinaigrette

Vinaigrette au thé

Dieses Dressing ist ideal für einen einfachen grünen Salat.

Zutaten:
3 EL Weißweinessig
2 TL Ceylonteeblätter
8 EL Sonnenblumenöl
1 EL kleingeschnittene Petersilie
Salz und frisch gemahlener Pfeffer

Für 6 Personen
Zubereitungszeit: 5 Minuten
Garzeit: etwa 12 Minuten

Den Essig in einem Topf zum Kochen bringen und die Teeblätter hineingeben. Den Topf vom Herd nehmen und den Tee zugedeckt 10 Minuten ziehen lassen, dann die Flüssigkeit durch ein feines Sieb gießen. Die restlichen Zutaten unterrühren und die Vinaigrette mit Salz und Pfeffer abschmecken.

Safran-Vinaigrette *Vinaigrette au safran*

Diese Vinaigrette schmeckt besonders gut zu einem gemischten Salat aus zarten Blättern wie Feldsalat oder Eichblattsalat, garniert mit Jakobsmuscheln oder warmen, gegrillten Scampi. Der auf einer Platte angerichtete Salat kann nach Belieben mit frischen Korianderblättern garniert werden.

Zutaten:

3 EL Weißweinessig
1 große Prise Safranfäden
6 EL Erdnußöl
1 EL Sesamöl
1 TL Sojasauce
Salz und Cayennepfeffer

Für 6 Personen
Zubereitungszeit: 5 Minuten

Den Essig in einem kleinen Topf erwärmen, die Safranfäden zugeben und bei ausgeschaltetem Herd im Essig ziehen lassen, bis er abgekühlt ist. Anschließend die übrigen Zutaten mit einem Schneebesen kräftig unterrühren. Die Vinaigrette mit Salz und Pfeffer abschmecken.

Bier-Vinaigrette *Vinaigrette à la bière*

Servieren Sie diese Vinaigrette zu gepökelter Zunge, Schinken oder gemischtem Aufschnitt, vor allem zu Cervelat-Wurst.

Zutaten:

100 ml helles Bier
30 g Schalotten, fein gehackt
4 EL Weißweinessig
150 ml Erdnußöl
Salz und frisch gemahlener Pfeffer

Für 6 Personen
Zubereitungszeit: 5 Minuten
Garzeit: 5 Minuten

Das Bier in einem kleinen Topf zum Kochen bringen und die Flüssigkeit auf 2 EL reduzieren. Dann vorsichtig die anderen Zutaten untermischen und mit Salz und Pfeffer abschmecken. Bis zum Servieren in den Kühlschrank stellen.

Tomaten-Vinaigrette *Vinaigrette aux tomates*

Diese köstliche und erfrischende Vinaigrette paßt gut zu frischen Nudeln oder Reis. Sie können den frischen Koriander nach Belieben durch die doppelte Menge Basilikum ersetzen. Falls nötig, kann man auch Tomatensaft aus der Dose verwenden, frisch gepreßter hat aber ein feineres Aroma.

Zutaten:

150 ml Tomatensaft, frisch gepreßt von sehr reifen Tomaten
4 EL Olivenöl
4 EL Sherryessig
2 EL feingehacktes Koriandergrün
Salz und Cayennepfeffer

Für 6 Personen
Zubereitungszeit: 5 Minuten

Alle Zutaten in einer Schüssel behutsam vermischen. Mit Salz und Cayennepfeffer abschmecken; etwas Schärfe tut der Vinaigrette gut. Bis zum Servieren in den Kühlschrank stellen, aber nicht länger als 48 Stunden aufbewahren.

Kalorienarme Vinaigrette *Vinaigrette diététique*

Diese Salatsauce paßt zu den meisten Salaten.

Zutaten:

1 TL körniger Senf, Saft von 2 Zitronen
120 ml Tomatensaft, möglichst frisch zubereitet
2 EL Olivenöl
25 g Zwiebeln, fein gehackt
1 EL kleingeschnittene Basilikumblätter
Salz und frisch gemahlener Pfeffer

Für 6 Personen
Zubereitungszeit: 5 Minuten

Alle Zutaten bis auf das Basilikum unterrühren. Dieses erst kurz vor dem Servieren dazugeben.

❶

❷

3

4

5

6

Avocado-Vinaigrette *Vinaigrette à l'avocat*

Diese Vinaigrette schmeckt ausgezeichnet zu kaltem weißem Fleisch, zu kaltem weißfleischigem Fisch oder als Dressing zu einem Salat aus Prinzeßbohnen. Ich esse sie am liebsten zu gedämpftem Blumenkohl, der lauwarm serviert wird.

Zutaten:

1 reife Avocado
5 EL Weißweinessig
2 hartgekochte Eigelb von frisch gekochten Eiern
1 EL Dijon-Senf
100 ml Erdnußöl
1 Knoblauchzehe, geschält, den grünen Keim entfernt, zerdrückt
50 g Kerbel, gehackt
50 g glatte Petersilie, gehackt
Cayennepfeffer
Salz und frisch gemahlener Pfeffer

Für 6 Personen
Zubereitungszeit: 8 Minuten

Die Avocado halbieren und den Stein entfernen (1). Schälen und das Avocadofleisch in kleine Stücke teilen. Zusammen mit dem Essig in eine Schüssel geben und mit der Gabel fein zerdrücken. Die hartgekochten Eigelb zugeben und mit der Gabel untermengen (2). (Wenn man von Anfang an den Schneebesen benutzt, erhält die Vinaigrette die Konsistenz einer Mayonnaise.)
Alle anderen Zutaten unterrühren und die Mischung zuerst mit der Gabel (3), dann mit einem Schneebesen (4) aufschlagen. Kräftig mit Cayennepfeffer würzen und mit Salz und Pfeffer abschmecken (5).
Die Vinaigrette in eine saubere Schüssel füllen (6) und möglichst sofort servieren. Nie länger als 6–8 Stunden aufbewahren, da sich die Vinaigrette leicht verfärbt.

Thai-Vinaigrette mit Zitronengras

Thai vinaigrette à la citronelle

Diese erfrischende Vinaigrette ist die ideale Würze für knackige Salate wie Romana oder Batavia.

Zutaten:

1 Stück Zitronengras (2 cm lang)
15 g Korianderblätter, fein geschnitten
10 g Schnittlauch, kleingeschnitten
2 EL thailändische Fischsauce (nam pla)
1 TL Sojasauce
200 ml Sonnenblumenöl
50 ml Reisweinessig
Frisch gemahlener schwarzer Pfeffer

Für 10 Personen
Zubereitungszeit: 5 Minuten und 2 Stunden zum Durchziehenlassen der Vinaigrette

Das Zitronengras fein hacken und alle Zutaten in einer Schüssel verrühren und mit Pfeffer abschmecken. Die Vinaigrette mit Frischhaltefolie abdecken und bis zum Servieren 2 Stunden durchziehen lassen.

Knoblauch-Vinaigrette *Vinaigrette à l'ail*

Gegarter Knoblauch schmeckt vorzüglich und ist gut verträglich. Diese feine aromatische Vinaigrette paßt hervorragend zu pikanten würzigen Salatmischungen.

Zutaten:

Eine Handvoll grobes Salz
6 kleine Knoblauchzehen, ungeschält
2 EL Balsamessig
3 EL Erdnußöl
3 EL Walnußöl
1 EL kleingeschnittener Schnittlauch
Salz und frisch gemahlener Pfeffer

Für 6 Personen
Zubereitungszeit: 5 Minuten
Garzeit: etwa 10 Minuten

Den Backofen auf 180 °C vorheizen. Das grobe Salz in einem kleinen Bräter verteilen, die Knoblauchzehen darauflegen und 10 Minuten im Ofen backen. Für die Garprobe mit der Spitze eines Messers in die Mitte einer Knoblauchzehe stechen. Mit Hilfe einer Gabel die weichen Knoblauchzehen nacheinander aus der Schale drücken. Die zerdrückten Knoblauchzehen in eine Schüssel geben und mit Essig, Salz und Pfeffer zu einer homogenen Masse verrühren, anschließend die beiden Ölsorten unterschlagen. Den Schnittlauch erst kurz vor dem Servieren unterrühren.

Köstlich schmeckt auch ein Salat aus Reisnudeln, Garnelen und einer Thai-Vinaigrette mit frischem Koriander und Zitronengras.

Vinaigrette Maman Roux

Die Vinaigrette meiner Mutter gehörte schon immer zu meinen Lieblingsrezepten. Kopfsalat und Endivie schmecken ausgezeichnet zu dieser Salatsauce.

Zutaten:

1 EL frisch geriebener Meerrettich
Saft von 1 Zitrone, 1 EL Estragonessig
6 EL Crème double
40 g Schalotten, fein gehackt
1 EL kleingeschnittener Estragon
Salz und frisch gemahlener Pfeffer

Für 6 Personen
Zubereitungszeit: 5 Minuten

Den Meerrettich mit Zitronensaft und Essig gut verrühren und mit Salz und Pfeffer abschmecken. Die Sahne unterrühren. Falls die Sauce zu dick wird, 1/2 TL warmes Wasser zugeben. Kurz bevor der Salat mit dem Dressing vermischt wird, Schalotten und Estragon zugeben.

Gurken-Vinaigrette *Vinaigrette de concombre*

Diese Vinaigrette paßt gut zu gekochten grünen Bohnen oder feinblättrig geschnittenen Champignons.

Zutaten:

250 g Salatgurke
60 g Schalotten, fein gehackt
1 TL kleingeschnittener Schnittlauch
1 TL kleingeschnittener Estragon
1 TL kleingeschnittene Petersilie oder Kerbel
6 EL Olivenöl
2 EL Reisweinessig
Salz und frisch gemahlener Pfeffer

Für 4 Personen
Zubereitungszeit: 10 Minuten

Die Salatgurke schälen, längs halbieren und mit einem Löffel aushöhlen. Die Gurkenhälften in möglichst feine Scheiben hobeln. Die Gurkenscheiben in eine Schüssel geben, die restlichen Zutaten untermischen und mit Salz und Pfeffer abschmecken. Die Sauce bis zur Weiterverwendung mit Frischhaltefolie abdecken.

Trüffel-Vinaigrette *Vinaigrette à la truffe*

Eine Vinaigrette zu kleinen neuen Kartoffeln, Nudeln oder zarten blanchierten Lauchstangen, die warm serviert werden.

Zutaten:

6 EL Olivenöl, 2 EL Rotweinessig
60 g frische schwarze Trüffeln, fein gehackt
1/2 kleine Knoblauchzehe, sehr fein gehackt
1 Sardellenfilet, kalt abgespült und sehr fein gehackt
2 hartgekochte Eigelb, durch ein feines Sieb gestrichen oder fein gehackt
Salz und frisch gemahlener Pfeffer

Für 6 Personen
Zubereitungszeit: 5 Minuten

Alle Zutaten bis auf das Eigelb in einer Schüssel verrühren. Die Vinaigrette mit Salz und Pfeffer abschmecken und das Eigelb kurz vor dem Servieren unterziehen.

Sardellen-Vinaigrette *Vinaigrette à l'anchois*

Gebratene Fischfilets, aber auch junge Artischocken profitieren von dieser Sauce.

Zutaten:

3 EL Olivenöl
1 Knoblauchzehe, fein gehackt
75 ml Gemüsefond
3 Sardellenfilets, fein gehackt
6 grüne Oliven, fein gehackt
2 EL Balsamessig
Salz und frisch gemahlener Pfeffer

Für 6 Personen
Zubereitungszeit: 5 Minuten
Garzeit: etwa 5 Minuten

Das Öl auf etwa 50 °C erhitzen, den Knoblauch zugeben und 30 Sekunden darin ziehen lassen. Mit dem Fond aufgießen und die Flüssigkeit erneut auf 50–60 °C erhitzen. Den Herd ausschalten und die restlichen Zutaten mit einem Schneebesen unterrühren. Die Vinaigrette mit Salz und Pfeffer abschmecken und lauwarm servieren.

Zitrus-Vinaigrette *Vinaigrette aux agrumes*

Diese Vinaigrette paßt zu allen Salaten, insbesondere zu Wintersalaten wie Endivie, Chicorée, Frisée und Radicchio.

Zutaten:

Schale von 1 unbehandelten Orange, in feine Juliennestreifen geschnitten
Saft von der geschälten Orange
1 EL feinkörniger Zucker
1 TL Dijon-Senf
Schale von 1 unbehandelten Zitrone, in feine Juliennestreifen geschnitten
Saft von der geschälten Zitrone
6 EL Erdnußöl
1 EL feingehackte Petersilie
Salz und frisch gemahlener Pfeffer

Für 6 Personen
Zubereitungszeit: 8 Minuten
Garzeit: 2 Minuten

Schalenstreifen der Orange und Zitrone kurz separat blanchieren. Die feinen Schalenstreifen der Orange und den Saft der Orange mit dem Zucker in einen kleinen Topf geben und bei milder Hitze auf ein Drittel der Flüssigkeitsmenge einkochen lassen. Anschließend bei Zimmertemperatur aufbewahren.

In einer Schüssel Senf und Zitronensaft verrühren und mit Salz und Pfeffer abschmecken. Das Öl darunterschlagen, dann den reduzierten Orangensaft mit den Schalenstreifen zugeben. Kurz vor dem Servieren die Zitronenschale und die Petersilie unterrühren.

Grapefruit-Vinaigrette *Vinaigrette à la pamplemousse*

Das perfekte Dressing für Spargel, grüne Bohnen oder Artischockenböden. Der gehackte Estragon verleiht ihm das gewisse Etwas.

Zutaten:

Saft von einer Grapefruit
Saft von einer Zitrone
1 TL Dijon-Senf
150 ml Erdnußöl
Eine Prise extrafeiner Zucker
1 EL gehackter Estragon
Salz und frisch gemahlener Pfeffer

Für 8 Personen
Zubereitungszeit: 8 Minuten

Alle Zutaten in einer Schüssel vermischen, mit Salz und Pfeffer abschmecken und behutsam mit einem Schneebesen aufschlagen. Den Estragon erst kurz vor dem Servieren unterheben.

Diese Vinaigrette innerhalb von 24 Stunden nach der Zubereitung verbrauchen, da die Zitrussäfte zur Oxidation neigen.

Schnittlauchöl *Huile au parfum de ciboulette*

Ein delikates Öl zum Beträufeln von gegrilltem Fisch, der anschließend mit Schnittlauchröllchen bestreut wird. Schon eine kleine Menge von diesem Öl verleiht einer Vinaigrette einen kräftigen Schnittlauchgeschmack. In Flaschen abgefüllt und verkorkt hält sich das Öl mehrere Tage.

Zutaten:

500 ml Olivenöl
50 g Schnittlauch, kleingeschnitten

Ergibt 500 ml
Zubereitungszeit: 5 Minuten
Garzeit: etwa 5 Minuten

Das Öl in einem Topf auf etwa 80 °C erhitzen, die Schnittlauchröllchen dazugeben und den Topf abdecken. Die Herdplatte ausschalten und das Öl völlig erkalten lassen. Das kalte Öl im Mixer 30 Sekunden aufschlagen, anschließend durch ein feinmaschiges Sieb in eine Flasche gießen und die Flasche verkorken.

Chiliöl *Huile au parfum de piment*

Dieses parfümierte Öl gibt verschiedenen Gerichten oder einer Vinaigrette eine besonders würzige Note. Ein paar Tropfen davon auf einer ofenfrischen Pizza verstärken alle andere Aromen.

Zutaten:

500 ml Olivenöl
50 g milde rote Chilischoten, fein gehackt
1 Zweig frischer Thymian
1 Lorbeerblatt
1 Knoblauchzehe, ungeschält

Ergibt 500 ml
Zubereitungszeit: 5 Minuten
Garzeit: etwa 5 Minuten

Das Öl in einem Topf auf etwa 80 °C erhitzen. Die übrigen Zutaten dazugeben und den Deckel auflegen. Den Herd sofort ausschalten und das Öl abkühlen lassen. Das kalte Öl durch ein feinmaschiges Spitzsieb gießen, dann in eine Flasche umfüllen und diese verkorken.

Himbeeressig *Vinaigre de framboise*

Das erlesene Aroma dieses selbstgemachten Essigs lohnt allemal den Aufwand, der mit seiner Herstellung verbunden ist. Die Himbeeren können auch durch Brombeeren oder schwarze Johannisbeeren ersetzt werden. Fruchtessig ist eine köstliche Salatgrundlage für moderne Gourmet-Salate mit Schaltieren, rohem Gemüse, Spargel, Artischocken und ähnlichen Zutaten.

Zutaten:

1,5 kg vollreife Himbeeren, Brombeeren oder schwarze Johannisbeeren
1,25 l Weißweinessig
130 g Würfelzucker oder Kristallzucker
200 ml Cognac oder ein passender Obstbranntwein

Ergibt etwa 1 l
Zubereitungszeit: 15 Minuten und 48 Stunden für die Mazeration
Garzeit: 1 Stunde

Die Hälfte der Beeren in eine Glas- oder Porzellanschüssel geben, mit Essig aufgießen (1) und anschließend, abgedeckt mit einer Frischhaltefolie, 24 Stunden an einem kühlen Ort durchziehen lassen. Das ist die erste Mazeration.

Am nächsten Tag ein feinmaschiges Sieb über eine Schüssel halten und die mazerierten Beeren hineingeben (2). Mit einer Schöpfkelle die Beeren leicht zusammendrücken, damit sie möglichst viel Saft abgeben, dabei aber kein Fruchtmark durch das Sieb pressen (3). Das Fruchtmark kann man übrigens zum Verfeinern von Wildsaucen verwenden. Die andere Hälfte der Beeren zu dem durchgeseihten Saft geben und den oben beschriebenen Vorgang wiederholen.

Nach 24 Stunden ist die zweite Mazeration beendet. Der Saft der Beeren wird erneut durch ein feinmaschiges Sieb über einem Topf abgeseiht. Zucker und Alkohol zugeben (4) und stehenlassen, bis sich der Zucker aufgelöst hat. Den Topf über einen mit Wasser gefüllten größeren Topf stellen und das Wasser darin bei starker Hitze zum Kochen bringen. Die Hitzezufuhr reduzieren, so daß das Wasser nur noch siedet, und den Essig 1 Stunde sieden lassen, gegebenenfalls das Wasser im Wasserbadtopf auffüllen. Während des Kochvorgangs sollte der Essig konstant 90 °C heiß sein; er darf nicht kochen (deshalb wird das Wasserbad benötigt). Bei Bedarf Schaum abschöpfen.

Den Essig in eine feuerfeste Glas- oder Porzellanschüssel gießen und erkalten lassen. Anschließend durch einen mit Musselin ausgelegten Trichter in eine Flasche abseihen und mit einem Korken verschließen. Der Essig ist jetzt gebrauchsfertig und hält sich im Kühlschrank mehrere Wochen.

1

2

3

4

Bois-Boudran-Sauce *Sauce Bois Boudran*

Diese exzellente Sauce zu gebratenem Huhn oder Stubenküken kann auch zum Nappieren von Lachs oder Forelle blau verwendet werden. Ich schwärme für diese Sauce seit der Zeit, als ich für die Rothschilds gekocht habe.

Zutaten:

150 ml Erdnußöl
50 ml Weinessig
85 g Tomatenketchup
1 TL Worcestershiresauce
5 Tropfen Tabasco
100 g Schalotten, fein gehackt
2 TL Kerbel, fein geschnitten
2 TL Schnittlauch, fein geschnitten
20 g Estragon, fein geschnitten
Salz und frisch gemahlener Pfeffer

Für 6 Personen
Zubereitungszeit: 5 Minuten

Öl, Essig, eine Prise Salz und Pfeffer in eine Schüssel geben und mit einem kleinen Schneebesen verrühren. Ketchup, Worcestershiresauce, Tabasco, die gehackten Schalotten und die kleingeschnittenen Kräuter nacheinander unterrühren. Die Sauce mit Salz und Pfeffer abschmecken und sofort unter den Salat mischen. Luftdicht verschlossen hält sie sich auch 3 Tage im Kühlschrank.

Pochierter Lachs mit Bois-Boudran-Sauce.

Pikante Frischkäsesauce *Sauce piquante au fromage blanc*

Diese Sauce schmeckt angenehm erfrischend zu einer kalten Gemüseterrine oder zu einer heißen Tarte mit Tomaten und Zucchini nach Pizza-Art.

Zutaten:

400 g Frischkäse, Fettgehalt nach Geschmack
2 Passionsfrüchte, Fruchtfleisch mit den Kernen ausgelöst
4 EL Himbeeressig, selbstgemacht *(s. S. 28)* *oder gekauft*
1 EL kleingeschnittene Zitronenverbene
½ EL eingelegte grüne Pfefferkörner, gut abgetropft und gehackt
Salz und Cayennepfeffer

Für 8 Personen
Zubereitungszeit: 5 Minuten

Alle Zutaten in eine Schüssel geben und mit einem Löffel gut miteinander verrühren. Die cremige Sauce mit Salz und reichlich Cayennepfeffer abschmecken.

Avocadosauce *Sauce à l'avocat*

Reichen Sie diese Sauce zu rohem Gemüse wie Möhren, Blumenkohl, Gurke oder Radieschen. Sie paßt auch zu kalten Scampi oder gekochten, kalt servierten Miesmuscheln.

Zutaten:

1 reife Avocado, etwa 300 g, geschält und entsteint
300 g Naturjoghurt
3 TL Dill, kleingeschnitten
2 EL Zitronensaft
1 TL scharfer Dijon-Senf
1 Prise Currypulver
Salz und frisch gemahlener Pfeffer

Für 8 Personen
Zubereitungszeit: 5 Minuten

Alle Zutaten 30 Sekunden im Mixer aufschlagen und anschließend mit Salz und Pfeffer abschmecken.

Ravigote *Sauce ravigote*

Ich reiche die Sauce gern zu Pellkartoffeln, die die Gäste selbst schälen und dann in die Sauce dippen.

Für 6 Personen

Zutaten:

Zubereitungszeit: 5 Minuten

6 EL Erdnuß- oder Sonnenblumenöl
2 EL Weißweinessig
1 EL kleine Kapern (große Kapern hacken)
1 EL Cornichons, fein gewürfelt
4 EL Fines herbes (s. S. 10), kleingeschnitten
30 g Zwiebeln, fein gehackt
Salz und frisch gemahlener Pfeffer

Alle Zutaten in eine Schüssel geben und mit einem Löffel gut vermischen.

Tomaten-Oregano-Sauce mit Basilikumöl

Sauce à l'origan et aux tomates séchées à l'huile de basilic

Diese Tomatensauce ist ein idealer Begleiter zu gegrillten Kalbskoteletts oder Thunfisch und zu Tournedos.

Zutaten:

Für 8 Personen
Zubereitungszeit: 10 Minuten

160 g sonnengetrocknete Tomaten in Olivenöl
180 g vollreife Fleischtomaten
200 ml Geflügelfond
40 ml Balsamessig
1 EL frischer Oregano, fein gehackt
Salz und frisch gemahlener Pfeffer

Für das Basilikumöl:

60 ml kaltgepreßtes Olivenöl
10 g frische Basilikumblätter
Salz und frisch gemahlener Pfeffer

Die getrockneten und die frischen Tomaten mit dem Geflügelfond und dem Balsamessig in einen Mixer geben und in 2 Minuten fein pürieren. Das Püree durch ein Spitzsieb in eine Schüssel passieren. Den gehackten Oregano unterrühren und mit Salz und Pfeffer abschmecken.

Für das Basilikumöl das Öl mit den Basilikumblättern in den Mixer geben, mit Salz und Pfeffer abschmecken und 2 Minuten aufschlagen. Das Öl ohne abzusieben in eine Schüssel gießen.

Die Tomatensauce entweder lauwarm oder kalt um das Fleisch oder den Fisch gießen und mit Basilikumöl beträufeln.

1

2

3

Pistou *Sauce au pistou*

Verfeinern Sie mit dieser intensiv duftenden Sauce südländische Suppen und gedämpften Fisch.

Zutaten:
4 Knoblauchzehen, geschält, halbiert, den grünen Keim entfernt
20 Basilikumblätter
100 g frisch geriebener Parmesan
150 ml Olivenöl
Salz und frisch gemahlener Pfeffer

Für 6 Personen
Zubereitungszeit: 10 Minuten

Die Knoblauchzehen mit einer Prise Salz in einen kleinen Mörser geben und mit dem Stößel zerdrücken (1) oder im Mixer pürieren. Das Basilikum zugeben und zu einer glatten Masse zerreiben (2) oder pürieren. Den Parmesan unterrühren (3), dann nach und nach das Olivenöl unterarbeiten – ähnlich wie bei der Zubereitung einer Mayonnaise (4), bis eine glatte Sauce entsteht (5). Die Sauce mit Salz und Pfeffer abschmecken. Sofort servieren oder in eine Schüssel füllen und mit einer Frischhaltefolie abdecken. So hält sich die Sauce mehrere Tage im Kühlschrank.

Pesto: Durch die Zugabe von 30 g gerösteten Pinienkernen erhält man einen Pesto. Unter einen Risotto gerührt, ist Pesto ein ganz besonderer Genuß.

Jungfernsauce mit Basilikum *Sauce vierge au basilic*

Diese Sauce reiche ich zu Hummer Cappelletti oder zu gedämpftem Filet von Meerbarbe.

Zutaten:
200 ml Olivenöl
80 g Tomaten, gehäutet, entkernt und fein gewürfelt
Saft von 1 Zitrone
2 EL kleingeschnittenes Basilikum
1 EL kleingeschnittener Kerbel
1 Knoblauchzehe, fein gehackt
6 Korianderkörner, zerdrückt
Salz und frisch gemahlener Pfeffer

Für 6 Personen
Zubereitungszeit: 5 Minuten

Alle Zutaten in eine Schüssel geben, mit einem Löffel gründlich verrühren und mit Salz und Pfeffer abschmecken. Die Sauce kurz vor dem Servieren auf etwa 30–40 °C erwärmen.

Gurken in Essigsirup *Concombre mariné au vinaigre*

Diese von mir heißgeliebte Gurkenzubereitung ist eine Kreation unseres Schützlings Mark Prescott, die er häufig in seinem Pub »The White Hart« in Nayland kredenzt. Die Gurken schmecken köstlich zu Fisch-Galantinen und -Terrinen oder zu Graved Lax.

Zutaten:

Für die eingelegten Gurken:
(2 Stunden im voraus zubereiten)
1 kg Salatgurken
150 g Zwiebeln
1 grüne Paprikaschote
1 rote Paprikaschote
1 rote Chilischote
Salz

Für den Sirup:
500 ml Weißweinessig mit Estragon
300 g Demerara-Zucker
1 Prise gemahlene Nelken
1 TL Kurkuma
1 EL Senfkörner
1 TL Fenchelsamen

Ergibt 550 g
Zubereitungszeit: etwa 10 Minuten
Garzeit: etwa $1\frac{1}{2}$ Stunden

Die Gurken 2 Stunden im voraus marinieren. Dafür die ungeschälten Gurken längs halbieren, die Samen mit einem Löffel herausschaben und das Fruchtfleisch in sehr dünne Scheiben schneiden. Die Zwiebeln schälen und in feine Ringe schneiden. Die Paprikaschoten häuten, entkernen, die weißlichen Rippen herausschneiden und das Fruchtfleisch in hauchdünne Juliennestreifen schneiden. Das Gemüse in eine Schüssel aus Glas oder Porzellan geben, nach Geschmack salzen und 2 Stunden durchziehen lassen.

Für die Zubereitung des Sirups alle Zutaten in einen Topf geben und bei schwacher Hitze zum Kochen bringen. Die Flüssigkeit etwa 45 Minuten köcheln lassen, bis der Sirup so dickflüssig ist, daß er an einem eingetauchten Holzlöffel haftenbleibt und eine deutliche Spur zu sehen ist, wenn man mit dem Finger über den Löffel fährt.

Das gesalzene Gemüse gut abtropfen lassen, kräftig zusammendrücken, damit möglichst viel Flüssigkeit austritt. Anschließend das Gemüse zu dem Sirup geben. Das Ganze 45 Minuten sanft köcheln lassen, bis die Gemüsemischung eine marmeladenähnliche Konsistenz erreicht hat. Von Zeit zu Zeit mit einem Holzlöffel umrühren, damit nichts ansetzt. Die Gurkenmischung in ein sauberes Glas umfüllen und luftdicht verschlossen bis zur Verwendung kühl aufbewahren. Im Kühlschrank hält sie sich mehrere Wochen.

Pfirsich-Chutney *Chutney aux pêches*

Kochen Sie dieses Chutney im Sommer, wenn die saftigen Früchte am aromatischsten sind. Das köstliche Chutney ist die ideale Beigabe zu Terrinen und Pasteten, Bratenaufschnitt und insbesondere zu kaltem Hühnchen, wenn ein Picknick geplant ist.

Zutaten:

500 g Pfirsiche, gehäutet, entsteint und grob gewürfelt
60 g Kochäpfel, geschält und gerieben
1/2 TL Salz
125 g vollreife Tomaten, gehäutet, entkernt und gehackt
60 g Zwiebeln, fein gehackt
Schale von 1 unbehandelten Limette, fein gehackt
Saft von der geschälten Limette
150 g feinkörniger Zucker
1/2 TL gemahlener Zimt
1/2 TL gemahlene Muskatnuß
1/2 TL gemahlener weißer Pfeffer
1 Knoblauchzehe, zerdrückt
10 g frischer Ingwer, fein gehackt
150 ml Weißweinessig
70 g Mandelblättchen

Ergibt etwa 700 g
Zubereitungszeit: 25 Minuten
Garzeit: etwa 1 Stunde und 10 Minuten

Alle Zutaten bis auf die Pfirsiche in einen schweren Topf geben und bei schwacher Hitze zum Kochen bringen; zwischendurch gelegentlich mit einem Holzlöffel umrühren. Etwa 30 Minuten weiterköcheln lassen, dabei alle 10 Minuten einmal umrühren. Am Ende sollte die Mischung eine marmeladenähnliche Konsistenz haben. Zur Überprüfung mit dem Finger am Löffel entlangfahren; es sollte eine deutliche Spur zu sehen sein.

Die Pfirsichstückchen zugeben und weitere 40 Minuten köcheln lassen, dabei alle 10 Minuten kurz umrühren. Das fertige Chutney in ein Einmachglas von 0,75 l Fassungsvermögen füllen, erkalten lassen und fest verschließen. Bis zum Gebrauch im Kühlschrank aufbewahren. Gut gekühlt hält es sich mehrere Wochen.

Birnen-Chutney *Chutney aux poires*

Dieses Chutney schmeckt noch besser, wenn es zuvor einige Tage durchziehen kann. Servieren Sie es zu Bratenaufschnitt, Terrinen und Wild, oder streichen Sie es einfach auf eine Scheibe geröstetes Brot.

Ergibt etwa 600 g
Zubereitungszeit: 30 Minuten
Garzeit: etwa 1 Stunde und 50 Minuten

Zutaten:

375 g Birnen, geschält, entkernt und in große Würfel geschnitten
60 g Kochäpfel, geschält und gerieben
½ TL Salz
125 g vollreife Tomaten, gehäutet, entkernt und gehackt
60 g Zwiebeln, fein gehackt
60 g Sultaninen
1 EL Orangenschale, grob gehackt
Saft von 1 Orange
150 g feinkörniger Zucker
½ TL gemahlener Zimt
½ TL gemahlene Muskatnuß
½ TL Cayennepfeffer
15 g frischer Ingwer, fein gehackt
150 ml Weißweinessig
1 Prise Safranpulver oder -fäden

Alle Zutaten bis auf die Birnen in einen Topf geben und bei sehr milder Hitze zum Kochen bringen (1). Etwa 1 Stunde leise köcheln lassen, dabei alle 10 Minuten kurz umrühren. Die Mischung sollte am Ende eine marmeladenähnliche Konsistenz haben (2). Die Fingerprobe machen: Mit einem Finger über einen zuvor in die Mischung getauchten Holzlöffel fahren; es sollte eine deutliche Spur sichtbar sein. Die Birnen zugeben und weitere 40 Minuten köcheln lassen, dabei alle 10 Minuten einmal umrühren (3). Das fertige Chutney in ein Einmachglas von 0,5 l Fassungsvermögen füllen (4), den Inhalt völlig erkalten lassen und anschließend das Glas fest verschließen. Bis zur Verwendung im Kühlschrank aufbewahren, wo sich das Chutney wochenlang hält.

4

Cumberlandsauce *Sauce Cumberland*

Diese pikante Sauce hebt auf wundersame Weise den Geschmack von Fleisch und Pasteten. Kalt reicht man sie zu Galantinen und Ballotinen, Schweinepasteten oder auch zu Geflügel und Wild.

Für 4 Personen
Zubereitungszeit: 10 Minuten
Garzeit: 20 Minuten

Zutaten:

1 mittelgroße Schalotte, fein gehackt
4 EL Weinessig, vorzugsweise Rotweinessig
12 weiße Pfefferkörner, zerdrückt
100 ml Kalbsfond
50 ml Port (Ruby)
2 EL rotes Johannisbeergelee
1 TL Worcestershiresauce
Saft von 1 Orange
Schale von 1 unbehandelten Zitrone, blanchiert und in feine Julienne-Streifen geschnitten
Salz

Schalotten mit Essig und Pfefferkörnern in einen kleinen Topf geben und die Flüssigkeit bei starker Hitze um zwei Drittel reduzieren (1). Kalbsfond, Portwein, Johannisbeergelee, Worcestershiresauce und Orangensaft zugeben und rasch zum Kochen bringen, dann bei schwacher Hitze 20 Minuten köcheln lassen. Nach Geschmack salzen.

Die Sauce durch ein feinmaschiges Sieb in eine Schüssel gießen, abkühlen lassen und anschließend im Kühlschrank gut durchkühlen lassen. Kurz vor dem Servieren die in Julienne-Streifen geschnittene (2) Zitronenschale unterrühren.

Die Sauce wird mit Portwein abgerundet.

5

Mayonnaise *Sauce mayonnaise*

Eine Mayonnaise läßt sich beliebig abwandeln und paßt ausgezeichnet zu kaltem Huhn, ob pochiert oder gebraten, zu kalt servierten Meeresfrüchten, wie Krabben, Hummer und Scampi, aber auch zu pochiertem Fisch, wie Lachs, Seehecht und Kabeljau; die Liste ließe sich endlos fortsetzen.

Cremiger wird die Mayonnaise, wenn man nach der Zugabe von Essig oder Zitronensaft zwei Eßlöffel Crème double unter die Emulsion rührt.

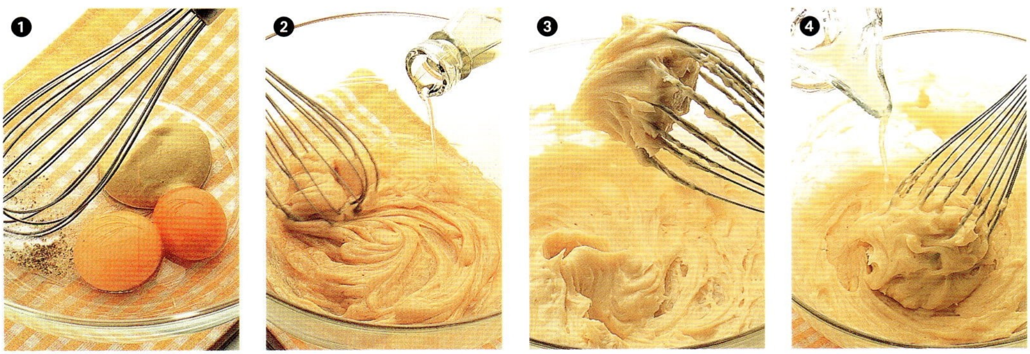

Für 4 Personen
Zubereitungszeit: 5 Minuten

Zutaten:
2 Eigelb
1 EL scharfer Dijon-Senf
250 ml Erdnußöl
1 EL Weißweinessig oder
1 EL Zitronensaft
Salz und frisch gemahlener Pfeffer
Alle Zutaten sollen Raumtemperatur haben.

Ein sauberes Geschirrtuch auf der Arbeitsfläche ausbreiten und eine Rühr- oder Salatschüssel daraufstellen. Das Eigelb mit dem Senf und etwas Salz und Pfeffer in die Schüssel geben und mit einem Schneebesen verrühren (1). Das Öl erst tropfenweise und dann in feinem Strahl unter ständigem Schlagen mit dem Schneebesen (2) dazufließen lassen. Sobald das ganze Öl untergeschlagen ist, 30 Sekunden kräftig weiterrühren, bis die Masse dick und glänzend geworden ist (3), dann den Essig oder den Zitronensaft unterrühren (4). Die Mayonnaise mit Salz und Pfeffer abschmecken.

Abgedeckt mit Frischhaltefolie, kann die fertige Mayonnaise bis zum Gebrauch bei Zimmertemperatur aufbewahrt werden. Es ist jedoch nicht ratsam, sie länger als ein paar Stunden aufzuheben.

Die fertige Mayonnaise sollte dick und glänzend sein.

Kalorienarme Mayonnaise *Sauce mayonnaise diététique*

Diese Variante kann genauso wie die klassische Mayonnaise verwendet werden. Sie ist erfrischend und schmackhaft, und durch den Frischkäse enthält sie wesentlich weniger Fett. Wer mag, verfeinert sie vor dem Servieren mit Schnittlauchröllchen, Minze, Estragon oder Kerbel.

Zutaten:

Für 4 Personen

Zubereitungszeit: 3 Minuten

150 g Frischkäse, Fettgehalt nach Geschmack
1 Eigelb
1 TL scharfer Dijon-Senf
1 TL Weißweinessig oder Zitronensaft
Salz und frisch gemahlener Pfeffer

Alle Zutaten in einer Rühr- oder Salatschüssel zu einer glatten Masse verrühren. Mit Salz und Pfeffer abschmecken und servieren.

Remouladensauce *Sauce rémoulade*

Diese pikante Variante der Mayonnaise paßt ausgezeichnet zu einem kalten Buffet mit Braten oder gemischtem Aufschnitt und ist bei einem Picknick die ideale Würze für kaltes Huhn, Roastbeef oder Schweinebraten.

Zutaten:

Für 6 Personen

Zubereitungszeit: 3 Minuten

1 Rezept Mayonnaise (s. S. 43)
40 g Cornichons, fein gehackt
20 g Kapern, fein gehackt
1 EL kleingeschnittene glatte Petersilie
1 EL kleingeschnittener Kerbel
1 EL kleingeschnittener Estragon
1 Sardellenfilet, sehr fein gehackt
1 TL Dijon-Senf, eisgekühlt
Salz und frisch gemahlener Pfeffer

Die Mayonnaise mit den übrigen Zutaten in eine Schüssel geben und mit einem Holzspatel gründlich vermischen. Die Remouladensauce mit Salz und Pfeffer abschmecken.

Aïoli *L'aïoli*

Diese Knoblauchmayonnaise paßt ausgezeichnet zu Kabeljau oder zu einer Bouillabaisse, statt der traditionell dazu gereichten Rouille. Aber auch zu den meisten anderen Fischsuppen und zu unzähligen mediterranen Gemüsesorten schmeckt sie sehr gut.

Zutaten:

180 g im Ofen gegarte Kartoffel, gepellt, durch ein Sieb gestrichen und bei Zimmertemperatur aufbewahrt
4 Knoblauchzehen, geschält, den grünen Keim entfernt, zerdrückt (s. S. 10)
1 rohes Eigelb
2 hartgekochte Eigelb, durch ein Sieb gestrichen
200 ml Olivenöl
1 Prise Safranfäden, in 3 EL kochendes Wasser eingelegt
Salz und Cayennepfeffer

Für 8 Personen
Zubereitungszeit: 15 Minuten

Die passierte Kartoffel mit dem Knoblauch, dem rohen Eigelb, dem gekochten Eigelb und etwas Salz in einem Mörser mit dem Stößel fein zerreiben. Anschließend das Öl erst tropfenweise, dann in feinem Strahl dazufließen lassen, dabei ständig weiterrühren, bis das Öl etwa zur Hälfte aufgebraucht ist. Den Safran mit der Einweichflüssigkeit unter Rühren zugeben. Das restliche Öl tropfenweise mit dem Stößel untermischen, bis eine glatte, cremige Masse entstanden ist. Die Sauce mit Salz und einer kräftigen Prise Cayennepfeffer abschmecken.

Gemüse- oder Kräuteressenz

Diese Essenz ist eine Basis und kann in vielen anderen warmen und kalten Saucen verwendet werden; sie verleiht ihnen einen intensiven Kräutergeschmack.

Zutaten:

250 g Blattspinat, gewaschen und die Stengel entfernt
10 g Kerbel, gewaschen und die Stengel entfernt
30 g Petersilie, gewaschen und die Stengel entfernt
15 g Estragon, gewaschen und die Stengel entfernt
15 g Schnittlauch
15 g Schalotten, geschält und in dünne Ringe geschnitten
500 ml kaltes Wasser
1 EL Erdnußöl
Feines Salz

Für 4 Personen
Zubereitungszeit: 40 Minuten
Garzeit: etwa 20 Minuten

Die Gemüse- oder Kräuteressenz in zwei Portionen herstellen. Die Hälfte der Zutaten in einen Mixer geben und zunächst bei niedriger Geschwindigkeit 1 Minute pürieren, dann weitere 4 Minuten bei mittlerer Geschwindigkeit. Das entstandene Kräuterpüree in eine Schüssel geben. Mit der zweiten Portion Kräuter genauso verfahren.

Ein ausreichend großes Stück Musselin über einen Topf legen und festbinden, damit es nicht wegrutscht. Das Kräuterpüree auf den Stoff geben und die Flüssigkeit in den Topf tropfen lassen (1). Sobald der Kräutersaft weitgehend ausgetropft ist, den Bindfaden entfernen, die Stoffenden zusammenfassen und den Musselinbeutel vorsichtig auswringen und möglichst viel Flüssigkeit herauspressen (2). Das ausgedrückte Püree wegwerfen und den Stoff in kaltem Wasser ausspülen.

Den Topf mit der leuchtendgrünen Flüssigkeit bei milder Hitze aufsetzen, dabei von Zeit zu Zeit mit einem Holzlöffel umrühren. Eine Prise Salz zugeben und sobald die Flüssigkeit zu sieden beginnt, den Herd ausschalten. Das ausgespülte Stück Musselin über eine Schüssel legen und mit einem Bindfaden befestigen. Dann behutsam den Inhalt des Topfes auf den Musselin schöpfen. Einige Minuten abtropfen lassen, dann mit einem Palettmesser oder Löffel das weiche grüne Püree von der Stoffoberfläche abkratzen (3) und in ein Auflaufförmchen füllen. Diese grüne Basis mit etwas Erdnußöl bedecken (4) und bis zum Gebrauch kühl stellen (im Kühlschrank hält sie sich mehrere Tage).

1

2

3

4

Grüne Sauce *Sauce verte*

Diese Sauce auf der Basis von Mayonnaise schmeckt sehr gut zu kaltem Fisch, auch zu geräucherter Forelle und Aal.

Zutaten: *Für 4 Personen*

1 Rezept Mayonnaise (s. S. 43)
Gemüse- oder Kräuteressenz (s. S. 46)

Zubereitungszeit: 40 Minuten
Garzeit: etwa 20 Minuten

Für die Zubereitung der grünen Sauce die gewünschte Menge an Gemüse- oder Kräuteressenz unter die Mayonnaise rühren. Die Menge richtet sich nach der Intensität des Kräuteraromas.

Vincentsauce *Sauce Vincent*

Diese Sauce paßt ausgezeichnet zu einem sommerlichen Buffet und wird gern zu pochiertem Lachs, Seehecht oder Steinbutt in Aspik oder einem Chaudfroid gereicht.

Zutaten: *Für 6 Personen*

½ Rezept Grüne Sauce (s. oben)
½ Rezept Tatarensauce (s. S. 52)

Zubereitungszeit: 5 Minuten

Die beiden Saucen in einer Schüssel mit einem Schneebesen verrühren.

Alicante-Sauce *Sauce Alicante*

Diese interessante Sauce paßt gut zu kaltem Spargel; sie selbst sollte aber nicht eiskalt serviert werden.

Zutaten:

Schale von 1 unbehandelten Orange, sehr fein gehackt, blanchiert, mit kaltem Wasser abgeschreckt und gut abgetropft
1 Rezept Mayonnaise (s. S. 43), zubereitet mit 1 EL Zitronensaft und 1 EL Orangensaft (anstelle von Essig)
2 Eiweiß
Salz und Paprikapulver oder Cayennepfeffer

Für 6 Personen
Zubereitungszeit: 5 Minuten

Die blanchierten Orangenzesten unter die Mayonnaise rühren und nach Belieben mit Paprika oder Cayennepfeffer würzen. Das Eiweiß mit 1 Prise Salz steif schlagen und den Eischnee behutsam unter die Mayonnaise heben. Die Sauce sofort servieren.

Bagnarotte-Sauce *Sauce bagnarotte*

Diese Sauce schmeckt ausgezeichnet zu Riesengarnelen oder Taschenkrebsen, reifen Kirschtomaten, rohen Blumenkohlröschen oder zu Canapés, sollte jedoch stets eisgekühlt serviert werden.

Zutaten:

1 Rezept Mayonnaise (s. S. 43)
3 EL Tomatenketchup
1 TL Worcestershiresauce
1 EL Cognac, 2 EL Crème double
6 Tropfen Tabasco
Saft von 1/2 Zitrone
Salz und frisch gemahlener Pfeffer

Für 6 Personen
Zubereitungszeit: 3 Minuten

Die Mayonnaise in eine Schüssel geben und die übrigen Zutaten mit einem Schneebesen unterrühren. Die Sauce mit Salz und Pfeffer abschmecken und bis zum Servieren in den Kühlschrank stellen.

Gribichesauce *Sauce Gribiche*

Die Gribichesauce gehörte in den 60er Jahren zu den von mir am häufigsten zubereiteten Saucen. Unablässig wurde sie von Mademoiselle Cécile de Rothschild verlangt. Sie aß sie für ihr Leben gern zu kaltem Fisch, geräucherter Forelle, zu Krustentieren und hartgekochten Eiern, ja im Prinzip zu fast allem.

Zutaten:

4 hartgekochte Eigelb von frisch gekochten Eiern
1 TL scharfer Dijon-Senf
250 ml Erdnußöl
1 EL Weißweinessig
2 hartgekochte Eiweiß, grob gehackt
30 g kleine Kapern, abgetropft und, falls sie sehr groß sind, gehackt
30 g Cornichons, fein gewürfelt
2 EL Fines herbes (s. S. 10), kleingeschnitten
Salz und frisch gemahlener Pfeffer

Für 6 Personen
Zubereitungszeit: 5 Minuten

Eigelb mit Senf, etwas Salz und Pfeffer in einen Mörser geben und die Zutaten mit dem Stößel fein zerreiben. Die Hälfte des Öls nach und nach unterarbeiten, so daß eine glatte Sauce entsteht. Den Essig unterrühren, dann das restliche Öl langsam unterarbeiten. Zum Schluß die übrigen Zutaten mit einem Löffel unterrühren und die Sauce mit Salz und Pfeffer abschmecken.

Schwedische Sauce *Sauce suédoise*

Diese Sauce paßt zu kaltem Gänse- oder Schweinebraten und aufgeschnittenem, geräuchertem Fleisch.

Zutaten:
200 g säuerliche Äpfel, geschält, entkernt und in Stücke geschnitten
50 ml trockener Weißwein
1 Rezept Mayonnaise (s. S. 43)
1 EL frisch geriebener Meerrettich
Salz und frisch gemahlener Pfeffer

Für 6 Personen
Zubereitungszeit: 10 Minuten
Garzeit: etwa 20 Minuten

Die kleingeschnittenen Äpfel und den Weißwein in einem Topf zugedeckt 15–20 Minuten bei milder Hitze kochen, bis die Apfelstückchen sich leicht mit einer Gabel zerdrücken lassen. Den Herd ausschalten, die weichen Apfelstücke durch ein Sieb in eine Schüssel streichen und kühl stellen.

Das erkaltete Apfelmus mit dem Meerrettich unter die Mayonnaise rühren und die Sauce mit Salz und Pfeffer abschmecken.

Seeigelsauce *Sauce aux oursins*

Diese Sauce unterstreicht den Geschmack von kalten Krustentieren wie Hummer, Taschenkrebs, Seespinne oder Scampi.

Zutaten:
12 Seeigel (Unterseite der Seeigel rundum mit einer Schere öffnen und das Innere mit einem Teelöffel herauskratzen)
1 Rezept Mayonnaise (s. S. 43)
1 EL Mandarinenlikör oder Grand Marnier
100 ml Schlagsahne, leicht geschlagen
6 Tropfen Tabasco
Salz

Für 4 Personen
Zubereitungszeit: 5 Minuten

Das Innere der Seeigel durch ein feines Sieb streichen, dann mit einem Schneebesen unter die Mayonnaise rühren. Die restlichen Zutaten behutsam mit einem Holzspatel unterrühren und die Sauce mit Salz abschmecken.

Tatarensauce *Sauce tartare*

Die Tatarensauce paßt zu allen kalt servierten Fischgerichten.

Für 6 Personen

Zubereitungszeit: 5 Minuten

Zutaten:

3 hartgekochte Eigelb, zimmerwarm
200 ml Erdnußöl, zimmerwarm
1 EL Weinessig oder Zitronensaft
20 g Zwiebeln, fein gehackt, blanchiert, mit kaltem Wasser abgeschreckt und gut abgetropft
3 EL Mayonnaise (s. S. 43)
1 EL Schnittlauchröllchen
Salz und frisch gemahlener Pfeffer

Das Eigelb in einem Mörser mit dem Stößel zu einer glatten Paste zerreiben (1). Unter ständigem Rühren das Öl in feinem Strahl dazufließen lassen. Weiterrühren, bis die Masse cremig geworden ist (2), den Essig oder Zitronensaft unterrühren (3), dann die Zwiebeln, den Schnittlauch und die Mayonnaise (4) untermischen und die Sauce mit Salz und Pfeffer abschmecken.

4

Rouille *Rouille*

Traditionellerweise wird Rouille zu Bouillabaisse oder Muschelsuppe gereicht. Am besten serviert man sie in einer separaten Saucenschale. Wenn Sie Knoblauch mögen, mischen Sie unter die fertige Sauce eine weitere zerdrückte Knoblauchzehe.

Zutaten:
250 g Kartoffeln, gegart und gepellt
1 Knoblauchzehe
3 hartgekochte Eigelb von frischen Eiern
250 ml Olivenöl
1 Prise Safran
Salz und frisch gemahlener weißer Pfeffer

Für 6 Personen
Zubereitungszeit: 5 Minuten

Die gepellten Kartoffeln auf ein Backblech geben und im vorgeheizten Backofen bei ca. 180 °C gut austrocknen lassen.

Die Knoblauchzehe schälen, halbieren, in Salz wälzen und mit der Schnittfläche die Innenseite der Saucenschüssel einreiben. Durch ein Sieb zuerst die Kartoffeln, dann das hartgekochte Eigelb in die Schüssel streichen. Alles mit einem Holzlöffel gut verrühren. Langsam das Olivenöl zugeben, dabei ständig rühren, bis eine cremige Masse entstanden ist. Mit Salz und weißem Pfeffer abschmecken, zuletzt den Safran unterrühren.

Frischkäse-Coulis mit Minze
Coulis de fromage blanc à la menthe

Dieser cremige, erfrischende Coulis harmoniert ausgezeichnet mit geräuchertem Lachs. Ich serviere ihn gern zum Frühstück. Je nach Geschmack nimmt man voll- oder halbfetten Frischkäse.

Zutaten:
120 g Frischkäse
180 ml Milch
4 EL frische Minze
200 g Salatgurke, geschält, Samen entfernt und kleingeschnitten
Salz und frisch gemahlener Pfeffer

Für 8 Personen
Zubereitungszeit: 5 Minuten

Den Frischkäse, die Milch und die Minzeblätter im Mixer fein pürieren. Abschmecken, durch ein feinmaschiges Spitzsieb in eine Schüssel passieren und in den Kühlschrank stellen.

Die Gurkenstückchen direkt vor dem Servieren darüber verteilen.

Petersilienbutter *Beurre maître d'hôtel*

Diese klassische Buttermischung, auch Haushofmeisterbutter genannt, wird immer wieder gern zu gegrilltem Fleisch oder Fisch serviert.

Zutaten:
150 g weiche Butter
20 g Petersilie, gehackt
Saft von 1/2 Zitrone
Salz
1 Prise Cayennepfeffer oder frisch gemahlener schwarzer Pfeffer

Ergibt etwa 175 g
Zubereitungszeit: 5 Minuten

Die Petersilie mit einem Holzlöffel unter die Butter rühren, dann den Zitronensaft untermischen. Mit Salz und Pfeffer abschmecken und mit Hilfe von Frischhaltefolie die gewürzte Butter zu ein oder zwei Rollen formen. Bis zur Weiterverwendung in den Kühlschrank stellen oder tiefgefrieren.

Schneckenbutter *Beurre d'escargots*

Zu Weinbergschnecken ist diese Butterzubereitung unverzichtbar. Sautieren Sie die Schnecken in der heißen Butter und servieren Sie sie als Vorspeise. Die Haselnüsse geben der Butter ein besonderes Aroma und Biß.

Zutaten:
6 Haselnußkerne
250 g weiche Butter
2 große Knoblauchzehen
1/2 kleine Schalotte
6 EL kleingeschnittene Petersilie
1 Prise Mustkatnuß
Salz und frisch gemahlener schwarzer Pfeffer

Ergibt etwa 250 g
Zubereitungszeit: 20 Minuten

Den Backofen vorheizen, die Haselnüsse auf dem Backblech bei ca. 180 °C 10 Minuten rösten. Die gerösteten Nüsse in ein Tuch geben, kräftig reiben, um die Häutchen zu entfernen. Dann fein hacken.

Die Butter mit einem Holzlöffel cremig rühren. Knoblauch und Schalotten schälen, sehr klein schneiden und zusammen mit der Petersilie und den gehackten Nüssen gut in die Butter einarbeiten. Mit Muskatnuß, Pfeffer und Salz abschmecken. Bis zum Gebrauch kühl stellen oder einfrieren.

❶

Ziegenkäsebutter *Beurre de fromage de chèvre*

Eisgekühlte Scheiben dieser Buttermischung sind eine ausgezeichnete Beilage zu gegrilltem weißem Fleisch, wie Kalbsschnitzel oder Hähnchenflügel. Die Butter eignet sich auch wunderbar als Sauce für Nudelgerichte. Sie wird einfach kurz vor dem Servieren untergemischt.

Ergibt etwa 300 g

Zubereitungszeit: 5 Minuten

Zutaten:

150 g frischer oder halbreifer Ziegenkäse

150 g weiche Butter

Den Ziegenkäse kleinschneiden, die Stückchen mit der Butter im Mörser zu einer glatten Masse verarbeiten (1 und 2) oder im Mixer 3 Minuten kräftig durchschlagen. Nach jeder Minute die Masse vom Rand des Mixbechers schaben und in die Gefäßmitte geben. Weiterschlagen, bis eine homogene Masse entstanden ist. Diese Mischung durch ein feinmaschiges Sieb streichen (3), damit keine Käsekrümel in der Buttermischung zurückbleiben. Anschließend die Butter in Folie zu einer kleinen Rolle formen (4 und 5) und bis zur Verwendung im Kühlschrank aufbewahren oder einfrieren.

Roquefortbutter *Beurre de roquefort*

Diese Butter schmeckt köstlich auf frisch gerösteten Brotscheiben. Kleine Mengen davon an einer Fisch-Velouté geben mehr Fülle und Würze. Diese Buttermischung schmeckt hervorragend zu gekochten Miesmuscheln. Auch eine Sauce, die zu Geflügel gereicht wird, kann mit einem Löffel dieser Butter angereichert werden.

Zutaten:
150 g weiche Butter
100 g Roquefort
Frisch gemahlener Pfeffer

Ergibt 250 g
Zubereitungszeit: 5 Minuten

Den Roquefort zerkrümeln und mit einem Holzlöffel unter die weiche Butter rühren. Die Buttermischung durch ein feinmaschiges Sieb streichen und mit Pfeffer würzen. Die fertige Butter in Folie zu einer Rolle formen und bis zum Gebrauch im Kühlschrank aufbewahren oder einfrieren.

Kaviarbutter *Beurre de caviar*

Diese exquisite Buttermischung serviert man als Beigabe zu gegrilltem Seezungenfilet oder Petersfisch. Ganz frisch zubereitet, schmeckt sie am besten, also möglichst noch am Tag der Zubereitung servieren, ohne daß sie vorher gekühlt oder eingefroren wurde.

Zutaten:
60 g Kaviar, möglichst gepreßt
(ersatzweise feinkörniger Sevruga)
150 g weiche Butter
Salz und frisch gemahlener Pfeffer

Ergibt etwa 200 g
Zubereitungszeit: 5 Minuten

Den Kaviar mit einem Holzlöffel sorgfältig unter die weiche Butter rühren, anschließend die Mischung mit einem Teigschaber durch ein feinmaschiges Sieb in eine kleine Schüssel streichen. Die Butter mit Salz und Pfeffer abschmecken und noch am selben Tag verbrauchen.

Rote Paprikabutter *Beurre de poivron rouge*

Diese Paprikabutter ist hervorragend zum Bestreichen von getoasteten Canapés geeignet und die ideale Beilage zu pochiertem Fisch. Unter eine Hollandaise, Béchamel- oder Teufelssauce gerührt, verstärkt sie Aroma und Farbe und gibt jeder Sauce einen besonderen Geschmack.

Ergibt etwa 200 g

Zubereitungszeit: 10 Minuten

Zutaten:

20 g Butter

60 g rote Paprikaschote, fein gewürfelt

1 Zweig frischer Thymian

150 g weiche Butter

Salz und frisch gemahlener

schwarzer Pfeffer

Die 20 g Butter in einem kleinen Topf zerlassen und die Paprikawürfel und den Thymian 5 Minuten darin andünsten, dann bei Zimmertemperatur erkalten lassen. Die gegarten Paprikawürfel mit einem Holzlöffel unter die weiche Butter rühren, anschließend diese Mischung durch ein feinmaschiges Sieb streichen oder im Mixer fein pürieren. Die fertige Buttermischung in Folie zu einer Rolle formen und bis zum Gebrauch kühl stellen oder einfrieren.

Gemüsebutter *Beurre de légumes*

Diese Buttermischung ist das ideale Bindemittel für eine Béchamelsauce oder Geflügel-Velouté. Ein paar eisgekühlte Scheiben von dieser Buttermischung lassen Pellkartoffeln zu einer wahren Köstlichkeit werden.

Zutaten:

150 g Gemüse nach Wahl, zum Beispiel Möhren, Prinzeßbohnen oder Spargel
150 g weiche Butter

Ergibt etwa 260 g
Zubereitungszeit: 10 Minuten

Das Gemüse schälen bzw. putzen und waschen und in leicht gesalzenem Wasser garen, bis es weich ist. Anschließend in kaltem Wasser abschrecken, abtropfen lassen und mit einem sauberen Tuch trockentupfen.

Das gekochte Gemüse mit der Butter im Mixer 3 Minuten fein pürieren. Zwischendurch immer wieder die Zutaten vom Rand des Mixbechers schaben und weiterpürieren, bis eine glatte Masse entstanden ist. Wer keinen Mixer oder keine Küchenmaschine besitzt, zerkleinert die Zutaten im Mörser.

Anschließend die gewürzte Butter durch ein feinmaschiges Sieb streichen, damit keine Fasern in der Buttermischung verbleiben. Mit Hilfe von Frischhaltefolie ein oder zwei Rollen aus der Butter formen und diese anschließend im Kühlschrank aufbewahren oder bis zur Weiterverwendung einfrieren.

Foie-Gras-Butter *Beurre de foie gras*

Diese cremige und elegante Butter schmeckt vorzüglich auf getoasteten Canapés. Mit ein paar Scheiben davon auf einem gegrillten Steak schmeckt das Fleisch noch einmal so gut.

Zutaten:

100 g weiche Butter
100 g Stopfleber von Ente oder Gans, als Terrine oder Ballotine
2 EL Armagnac oder Cognac
Salz und frisch gemahlener Pfeffer

Ergibt etwa 200 g
Zubereitungszeit: 5 Minuten

Alle Zutaten mit einem Holzlöffel gründlich miteinander verrühren, anschließend mit Salz und Pfeffer abschmecken. Die Mischung durch ein feinmaschiges Sieb streichen oder kurz im Mixer pürieren. Die gewürzte Butter in Klarsichtfolie zu einer Rolle formen und bis zur Verwendung im Kühlschrank aufbewahren oder einfrieren.

Paprikabutter *Beurre de paprika*

Diese Buttermischung paßt ausgezeichnet zu gegrillten Schnitzeln von Kalb, Pute oder Hähnchen.

Zutaten:
20 g Butter
30 g Zwiebeln, fein gehackt
150 g weiche Butter
3–5 g Paprikapulver, je nach Geschmack
Salz und frisch gemahlener Pfeffer

Ergibt etwa 180 g
Zubereitungszeit: 10 Minuten

Die 20 g Butter in einem kleinen Topf zerlassen, die gehackten Zwiebeln zugeben und 2 Minuten im Fett andünsten. Vollständig abkühlen lassen und mit einem Holzlöffel unter die weiche Butter rühren. Das Paprikapulver unterrühren und die Butter mit Salz und Pfeffer abschmecken. Die gewürzte Butter durch ein feinmaschiges Sieb streichen oder im Mixer fein pürieren. Die fertige Butter in Folie zu Rollen formen und bis zum Gebrauch kühl stellen oder einfrieren.

Currybutter: Zubereitung wie im obigen Rezept, jedoch die Menge der Zwiebeln und der Butter zum Andünsten verdoppeln und anstelle von Paprikapulver 7–10 g Currypulver zugeben. Das Currypulver nicht direkt an die zerlassene Butter geben, sondern die Zwiebeln erst 1 Minute darin andünsten. Currybutter wie Paprikabutter verwenden; sie paßt auch gut zu gegrillten Schweinekoteletts.

Krabbenbutter *Beurre de tourteau*

Die Krabbenbutter als Aufstrich für Canapés verwenden oder damit Saucen anreichern, die zu Jakobsmuscheln und anderen Meeresfrüchten serviert werden, zum Beispiel eine Normannische Sauce.

Zutaten:
150 g gekochtes Krabbenfleisch, aus dem Panzer gelöst
150 g weiche Butter
1 EL Cognac
1 TL Harissa oder 5 Tropfen Tabasco
Saft von 1/2 Zitrone
Salz und frisch gemahlener Pfeffer

Ergibt etwa 300 g
Zubereitungszeit: 7 Minuten

Das Krabbenfleisch mit der Butter im Mixer fein pürieren, anschließend die Mischung durch ein feinmaschiges Sieb streichen. Cognac, Harissa oder Tabasco und Zitronensaft unterrühren und die Butter mit Salz und Pfeffer abschmecken. In Folie zu Rollen formen und bis zur weiteren Verwendung kühl stellen oder einfrieren.

Eisgekühlter Gemüse-Coulis *Coulis de légumes glacé*

Diese eisgekühlte Sauce paßt sehr gut zu kaltem pochiertem Fisch als Teil eines Buffets, sie schmeckt aber auch sehr erfrischend als sommerliche Vorspeise. Zuweilen reiche ich drei verschiedene Coulis (Möhren, Sellerie und Erbsen), appetitlich angerichtet auf einem kleinen Teller.

Zutaten:

360 g Möhren oder Sellerie, geschält und gewürfelt, oder 360 g Prinzeßbohnen oder 500 g ausgelöste Erbsen
500 ml Crème double
Salz und frisch gemahlener Pfeffer

Für 6 Personen
Zubereitungszeit: 10 Minuten
Garzeit: 5–20 Minuten, je nach Gemüse

Das jeweilige Gemüse in kochendem Salzwasser garen. Abtropfen lassen und mit 100 ml Sahne im Mixer sehr fein pürieren. Die Masse in eine Schüssel geben und erkalten lassen; zwischendurch hin und wieder durchrühren. Mit einem Schneebesen die restliche Sahne vorsichtig unterrühren. Mit Salz und Pfeffer abschmecken und bis zur Verwendung gut durchkühlen lassen.

Roher Tomaten-Coulis *Coulis de tomates crues*

Diesen Coulis mag ich am liebsten zu kalten pochierten Eiern oder als Sauce zu kalten Nudeln. Dieses einfache und erfrischende Sommergericht ist außerdem in Minutenschnelle zubereitet.

Zutaten:

350 g vollreife Tomaten, im Mixer püriert, anschließend durchpassiert, so daß etwa 250 ml Saft und Fruchtfleisch anfallen
60 ml Sherryessig (vorzugsweise) oder Balsamessig
8 Korianderkörner, zerdrückt
12 Basilikumblätter, zerpflückt
100 ml Olivenöl
Salz und frisch gemahlener Pfeffer

Für 6 Personen
Zubereitungszeit: 5 Minuten

Alle Zutaten bis auf das Basilikum in eine Schüssel geben und mit einem Schneebesen gründlich verrühren. Mit Salz und Pfeffer abschmecken, dann das Basilikum unterrühren. Der Coulis kann sofort serviert werden. Auf Vorrat zubereitet, hält er sich luftdicht verschlossen 3 Tage im Kühlschrank.

Register

Aus dem Englischen übersetzt von Karin Hirschmann
Redaktion: Britta Muellerbuchhof
Korrektur: Herbert Scheubner
Herstellung: Dieter Lidl
Satz: Fotosatz Völkl, Puchheim

http://www.christian-verlag.de

Die Originalausgabe mit dem Titel *Vinaigrettes and Chilled Sauces* wurde erstmals 2000 im Verlag Quadrille Publishing Ltd, London, veröffentlicht.

Dieses Buch basiert auf Auszügen aus dem Titel *Saucen – Die Quintessenz der feinen Küche* von Michel Roux.

Druck und Bindung: Dai Nippon Printing Company Ltd, Hongkong
Printed in China

ISBN 3-88472-483-5

HINWEIS

Alle Informationen und Hinweise, die in diesem Buch enthalten sind, wurden vom Autor nach bestem Wissen erarbeitet und von ihm und dem Verlag mit größtmöglicher Sorgfalt überprüft. Unter Berücksichtigung des Produkthaftungsrechts müssen wir allerdings darauf hinweisen, daß inhaltliche Fehler oder Auslassungen nicht völlig auszuschließen sind. Für etwaige fehlerhafte Angaben können Autor, Verlag und Verlagsmitarbeiter keinerlei Verpflichtung und Haftung übernehmen.

Korrekturhinweise sind jederzeit willkommen und werden gerne berücksichtigt.